SCHWARZETROPFEN
Bilder und Gedankenzeilen

SCHWARZE TROPFEN

BILDER UND GEDANKENZEILEN

Bilder und Texte von Jon Mincu

Fine-Press-Atelier
Jon Mincu

Layout, Gesamtgestaltung: Jon Mincu

Berlin 2022
Herstellung:
BoD - Books on Demand, Norderstedt

ISBN: 978-3-00-073373-4

INHALT

„Die Philodophie ist der Weg,
Die Weissheit ist das Ziel“
Seneca, Briefe an Lucilius, 89, 4-17.

MYTHOLOGISCHES

Animismus und Ahnenkult, die weit entfernte Vergangenheit,
im Dunst der Zeit verschwunden sind.
Das archetypische Gedächtnis verwandelten sie in Mythen,
Die den Menschen die Welt erklären wollen.
Poetisch werden Legenden mit Phantasie geschmückt -
Man glaubt bis heute an die merkwürdigen Taten,
Vom Glauben zur wahren „Wahrheit" von Auserwählten,
streng bewahrt als die einzige wahre „Wahrheit" erkoren,
Um die Ungläubigen vernichtend zu bekriegen.

DIE FUNKTION

I.

Die Glocke läutet, um Leute zur Kirche einzusammeln;
Der Muezzin ruft sein Gebet beim Sonnenaufgang;
Der Kantor rezitiert und singt die Psalmen –
Das Volk soll sich dem Himmel zu wenden,
Verspechen alle im Gesetz, dort glücklich einzugehen.

II.

Ein zweites Leben? Oder ein drittes? ein viertes... in alle Ewigkeit?
Aber das ist kein „Leben“ mehr – wir können alles nicht beweisen.
Ich werde in meinem zweiten Leben nicht mehr Ich sein –
Es wird ein Fremder sein. Was haben wir gemeinsam? Nichts!
Weil ich bin Ich nur hier, zeit meines Lebens,.
Was kümmert mich der Andere.

III.

Der Mensch, wie alle Wesen auf der Erde, ist sterblich,
Er verschwindet - er ist ein Nicht-Ge-Wesen.
Der Skarabäus rollt stur seine Kugel aus dem Mist mit Hinterbeinen

Als Nahrungsvorrat für seinen Nachwuchs
Ein Axolotl wartet nicht einmal die fertige Entwicklung ab,
Gesteuert von den geheimen Codes erfüllen alle ihre Funktion:
Von der Begattung durch den Prozess die Spezies vermehren
Unter dem Drang der Libido zur Reproduktion.

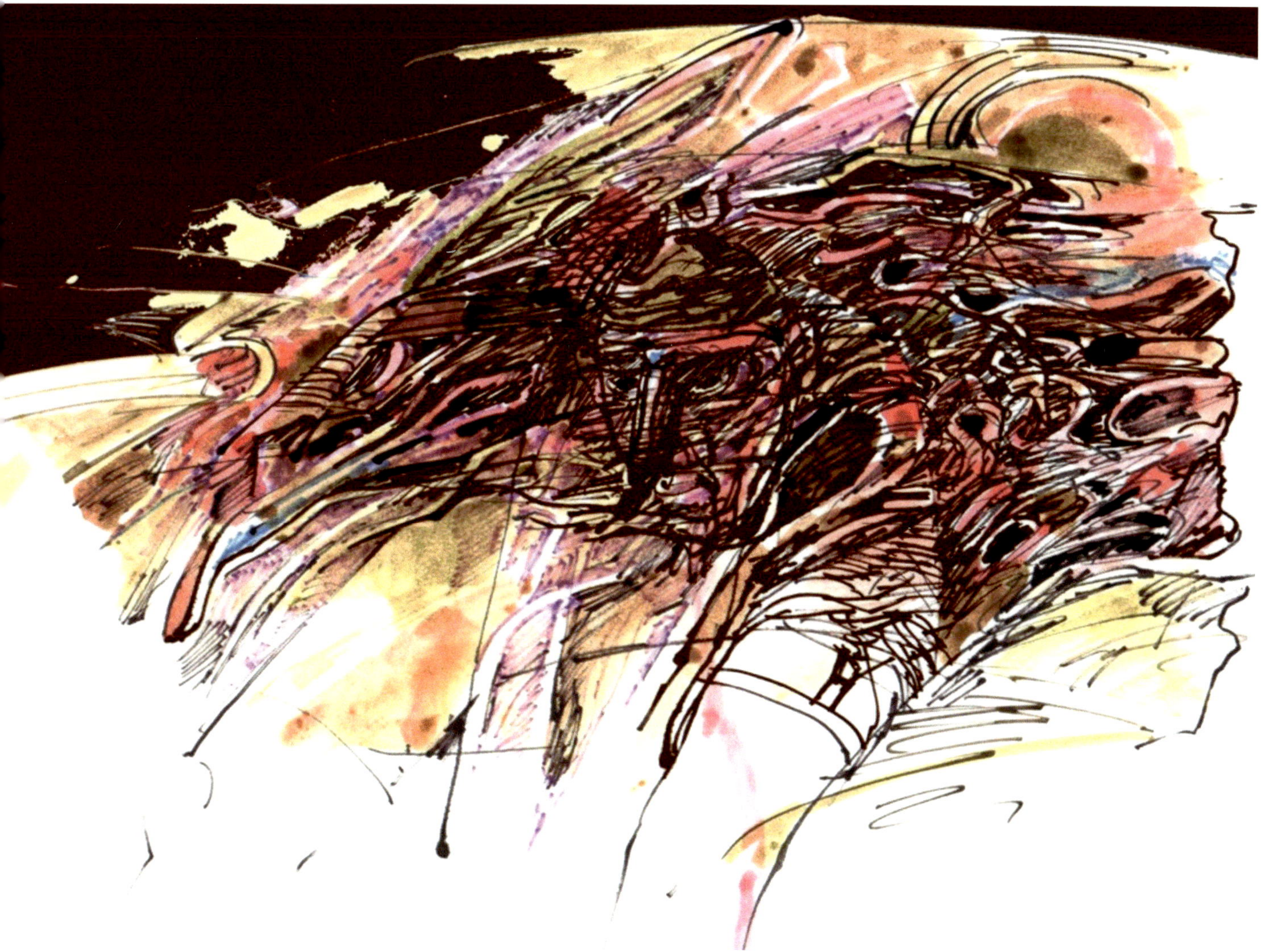

Liebe vertreibt die Zeit
und Zeit vertreibt die Liebe
Sprichwort
2004

DIE LIEBE

Die Liebe - ein schweres Wort, mit so vielen Facetten
Von jeder und jedem anders verstanden
Es gibt LIEBE, Liebe und Agape, und amor concubiscentie...
Und doch das Wort begleitet uns, seit es Menschen gibt.

Es ist banal, über die Liebe etwas Neues zu sagen
Zu viel ist darüber geschrieben worden, so viele Dramen -
Man kann sie in einem Satz zusammenfassen:
„Liebe kann tödlich sein“

Es ist gefährlich, wenn einer sagt: „Ich liebe euch“
Es klingt wie ein Anspruch auf Besitznahme.
Gott sei Dank gibt es die Nächstenliebe!
Einem Narziss genügte sein Abbild, um sich zu verlieben.

Der Trieb zum Liebesakt ist der Tribut des Tierischen in uns,
Woher wir kommen, die Vermehren-Funktion - empfehlenswert,
Weil der Mensch und seine Seele ein Mischwesen bilden,
Ermöglicht es ihm die Befähigung zu höheren Hinwendung.

Ob er ahnt, dass er nach dem Liebesakt gefressen wird...?

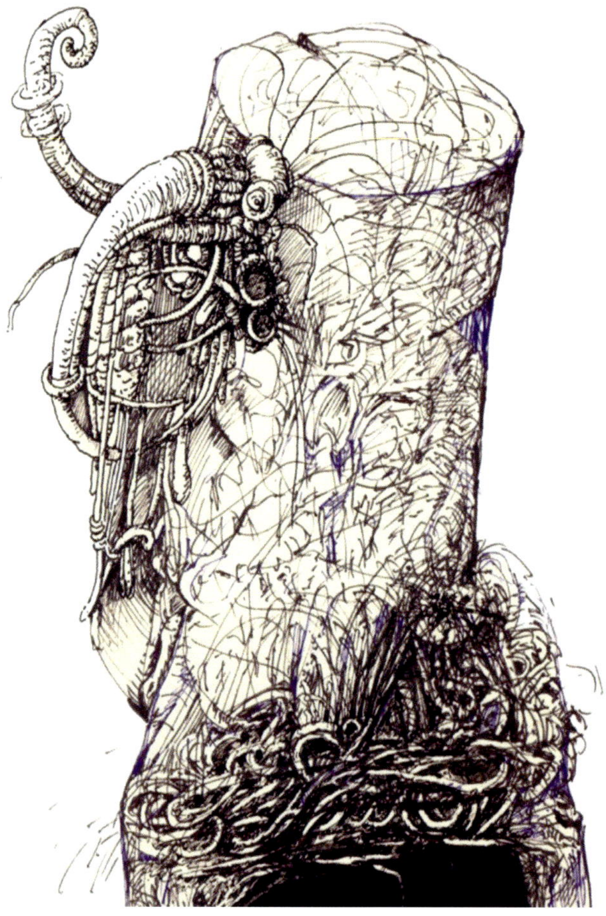

Begabt sind alle Menschen von Geburt!
Aber sind alle wirklich fähig und bereit, diese Zerrissenheit,
Das Tierische zu überwinden und die Strapazen auf dem Pilgerweg,
Sich zu opfern, um das Schöne zu suchen, was für die Seele Balsam wäre?

Nun, das Leben ist hart, und viele ersticken in sich selbst
Die empfindsame Seele und verlieren so die Fähigkeit
Dem Universum nahe zu kommen und es zu begreifen,
Vergeblich dann die Hoffnung auf eine Ewigkeit.

ES KOMMT DIE NACHT

Der Tag - prosaisch ist die Zeit zu leben
Es kommt die Nacht, erleichtert von der Last des Tages
Erleichtert, entbunden von der Schwerkraft, allein,
Allein, aber nicht einsam, mit meinem Ich zu denken.

Es ist still; Die Wesenwelt ruht sich aus.
Man will glauben, in der Dunkelheit der Nacht
Dem Hauch des Universums nah zu sein.
Es kommt mir das Ergrübeln und das Schaffen leicht.

Im All herrscht eine tiefe schwarze Dunkelheit,
Die Finsternis des Alls fällt auf die Erde in der Nacht,
Wie ein lichtloser Schleier der Wehmut,
Was wir dort sehen, ist schon Vergangenheit.

Erkennen wir um uns heum nur die Vergangenheit –
Sind wir selbst ein Teil dieser Vergangenheit?
Was soll dann heißen die Gegenwart, die Zukunft *oder* die Ewigkeit?
Erfindungen des Grübelns, uns selbst zu täuschen.

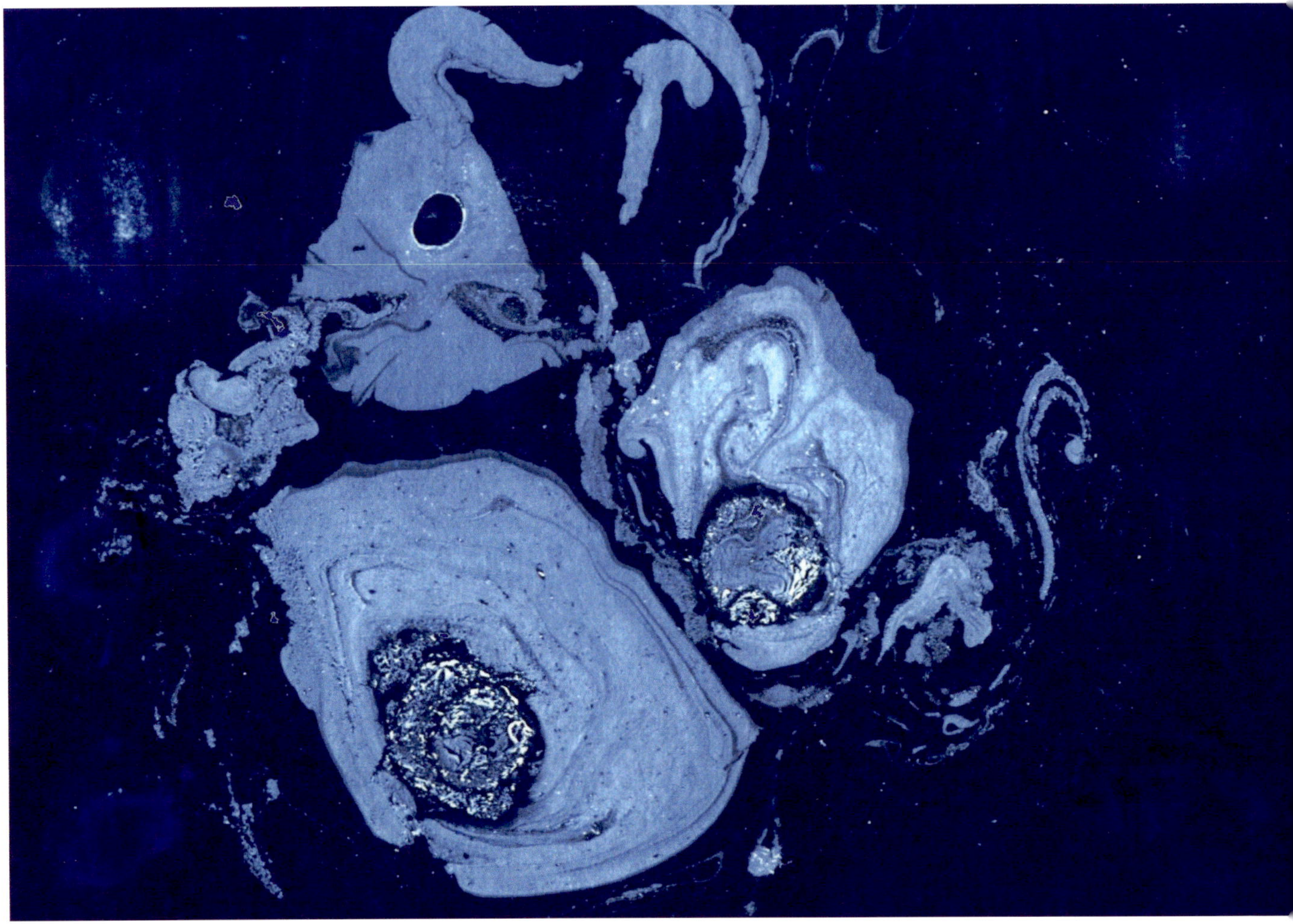

Ergrübelnzeit des Eremiten in den eisamen Nächten –
Vergangenheit verdunstet allmählich in die Dunkelheit,
Die Träume sind verflogen am Tageslicht der Tageslöhne,
Verschwanden aber nicht vom Himmel die Myriaden Sterne.

DER ORT DER TRÄUME

Eine warme Sommernacht. Ich implodiere in meine Tiefe.
Ist es die Flucht? – Es ist Regenerierung, es ist die Seelenheilung
Für die Wunde, die ich am Tag beim Überlebenskampf erlitten habe.
Die Menschen brauchen Schlaf – Die Träumer brauchen Träume.

Woher spürt der Fötus, das kleine Wesen, wann seine Zeit reif ist
Aus dem gemütlichen Bauch seiner Mutter raus zu gehen
In die ungemütliche Welt da draußen, oder ist er verstoßen?
Als Einzelner wird er schon von Geburt an allein.

Wir sind beschäftigt sehr in unserem irdischen Staub zu kriechen,
Um Sinn des Lebens und Harmonie des Universums zu begreifen,
Doch dass wir sterblich sind, genau wie alle Wesen auf der Erde,
Unwürdig scheint es in Ewigkeit zu leben – erniedrigt unsere großen Geister.

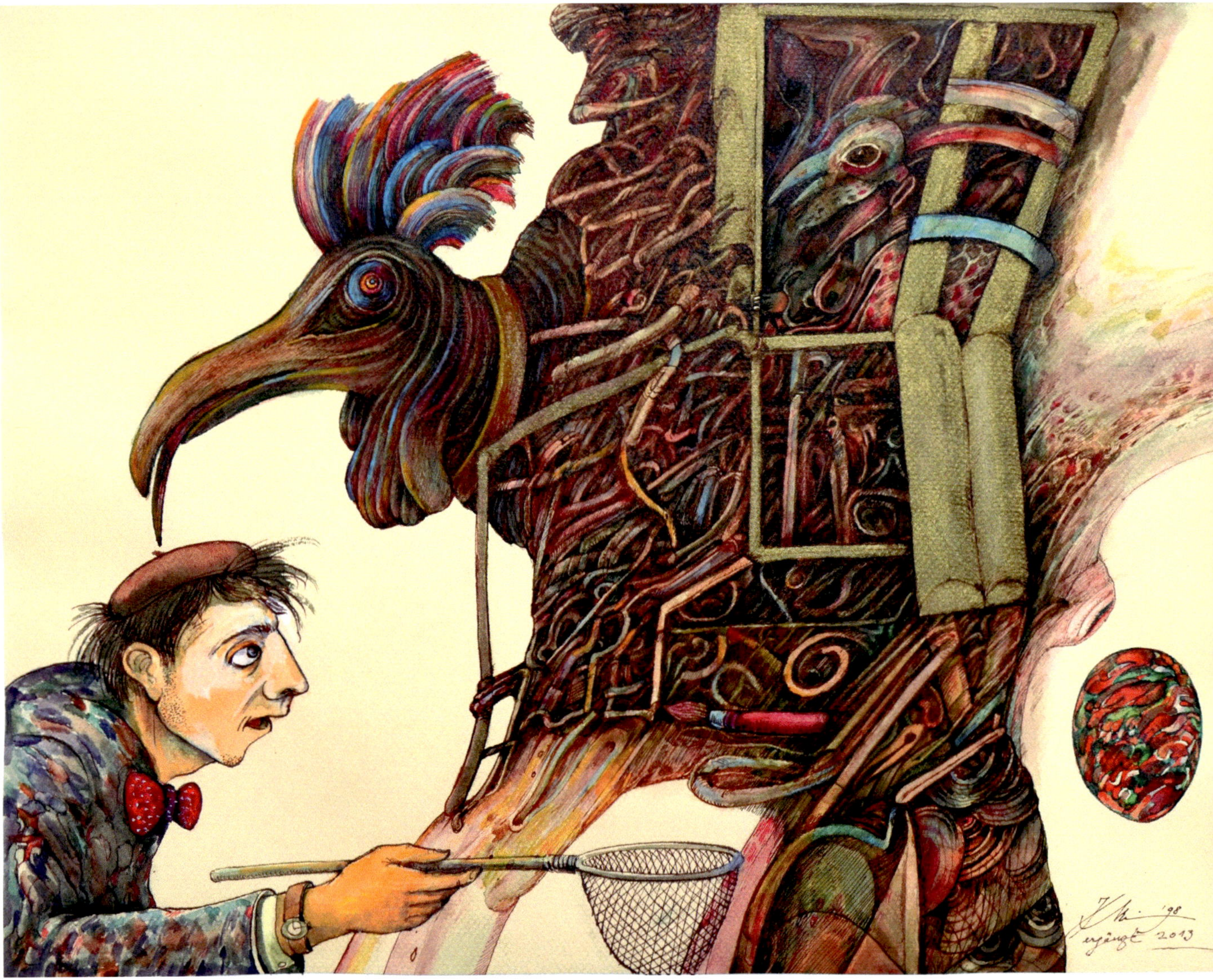
'98
ergänzt 2013

IST DAS EINE TUGEND?

Unehrlich zu sein – Ist das eine Tugend?
Unehrlich mit dir selbst – das ist eine schwere Last fürs Leben.
Ein Betrüger zu sein – Ist dies eine Tugend?
Gezinkte Karten bringen scheinbar leichtes Glück,
Unechte Münzen klingen jedoch falsch.
Ein Dieb zu sein, die Schwachen, Ungeschützten zu berauben –
Ist dies eine Tugend?

Dann fragst du dich, warum die Menschen
Von dir sich abwendend dich meiden?
Nur heuchlerische Redner (vom Plagiat-Vorwurf bekleckert)
berufen sich auf Menschenrechte, dazu noch passend schreiend,
Dass die „Gesellschaft trage daran schuld“.

UTOPIA

I.

Endgültige Geste, versteckte unaussprechliche Gedanken
Trockene Tränen - man kann die schwere Luft nicht atmen
Tränen, die unterdrückt wurden, verziehende Gesichte
Es ist für immer dieser Abschied, es ist doch nicht der Tod.

Ich war nicht tot, und doch war ich für die dort Gebliebenen
Für immer weg, wie ausgestorben. Trübsal, Verwirrung -
Sie zerren alle an sich mein Hab und Gut.
Moira wird mir keine Rückkehr prophezeien.

II.

Ich mache mich auf den Weg nach Utopia.
Hindernisse, die mir im Wege standen, überwand ich.
Ich verließ hinter mir die geistige Misere;
Entwurzelt man den Baum, wird fraglich, ob er weiter lebt.

Utopia, der Staat, bot mir Normalität - nicht lange!
Naturgesetze zeigen: Utopia *ist eine Chimäre,*

Keine Realität, kein lebensfähiges Gebilde.
In Kurzem war das Träumerleben schon vorbei.

III.

Tumult der feiernden, betäubten Masse,
Schlafwandelnden, geträumten Zeitgenossen,
So glücklich in der Utopia zu sein.
Bald starb Utopia - das ist Naturgesetz.

Es kam der nackte, kalte Kampf ums Überleben.
Die Seele war verstummt. Neue Doktrin erschien,
mit sozialen Komponenten: privatisiert wird der Profit,
Verluste werden...sozialisiert. Es klingelt das Silber,
Das bald zum Goldrausch werden soll.

Unter die Räder kamen nur die Träumer.

ICH BIN FREI!
ICH BIN FREI!
MINE
MINE
HALT!

UNTER DEM CITRUS-BAUM

Ein kleiner Citrus-Baum schmückt meinen Balkon
Die winzigen Orangen-Fruchte strahlen
mit ihren leuchtenden Farben wie Freude
und Sehnsucht in die fernen Landschaften der Träume.

Ein kleiner Trost und eine Täuschung,
als Selbstbetäubung gegen Verwirrung in der Welt.
Er ist mein Freund...

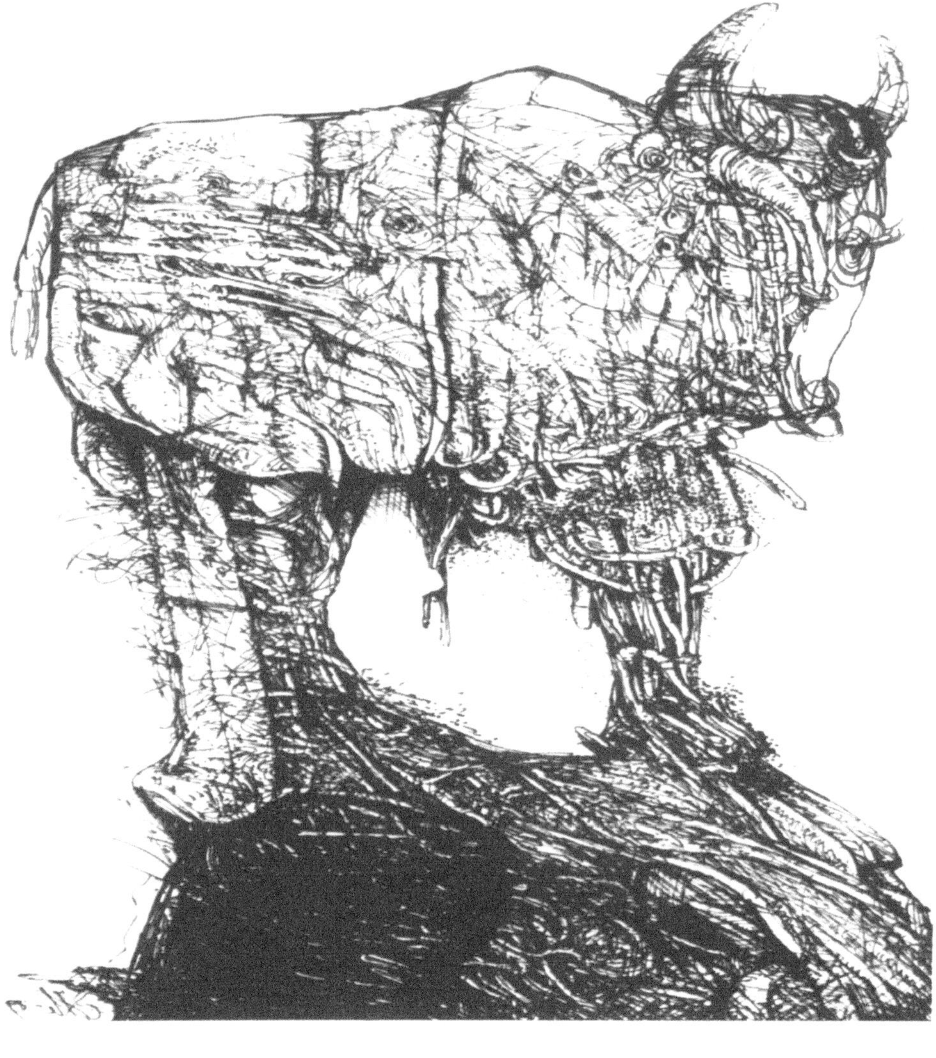

QUOD LICET JOVI
NON LICET BOVI

Der arme Bovis, er ist ungebildet,
bleibt im Dreck und Mist
Seine Herrschaft Jovis dagegen
hat die Managerschule absolviert,
So kann er die feinen fremden
Damen vefüh000ren
Mit seinem Reichtum an Vieh
Das Richtige für Bovis bleibt
dann nur die blöde Kuh.

BUCHSTABEN ZWIST

Das Große A lag im Zerwürfnis mit dem Großen B.
Nach dem das Mittlere B das kleine b geschluckt hatte
Kam das Große B an, um den Täter, das Mittlere B zu bestrafen,
und dem kleinen b Hilfe zu leisten.
Das Mittlere B schreit als Opfer das ganze Alphabet durch nach Hilfe.
Das kommt dem Großen A wie gelegen (im Geheimen hat es das schon getätigt)
Das Große A ruft seine verbündeten Vokale: A, E, I, O, U.
dem Mittleren B zu helfen, für „Freiheit und Buchstabenrechte".
Wie zu erwarten war, gefällt dem Großen B das nicht.
Es will, dass das Mittlere B rein konsonantisch bleibt,
Und keine Vokalisierung, wie BA, BE, BI, BO oder BU in seiner Nähe hat.
Das hat einmal schon selbst das Große A unangenehm erlebt,
Wenn ein kleines c, ein Verbündeter des Großen B, provozierend
Und gefährlich starke Laute von sich gegeben hat.
So viel Konsonantismus in der unmittelbaren Nähe,
Das konnte damals auch das Große A nicht dulden!
So sind die Machtspielregeln!
Gefahr und Leiden sollen nur die Kleinbuchstaben erleben,
Als Collateral Victims *droht ihnen sogar aus dem Alphabet gewischt zu werden.*

Die Muse

FABEL

In der Provence ist die Grille „ein Symbol für Lebensfreude, aber auch für Pflichtvergessenheit: sie sitzt in der Sonne und fiedelt vor sich hin, während woanders schwer gearbeitet und verantwortungsvoll für die Zukunft geplant wird."
Es muss gesagt werden, dass nur der männliche Grill fiedelt, und nicht umsonst, sondern um die Weibchen zu locken. Deswegen ist es besser der Grill zu sagen, d. h. Maskulinum, wie es auch noch in Bayern erhalten ist, aus gr. gryllos, lat. gryllus m. > it. grillo.
So behält diese Fabel eine andere Bedeutung.

IL GRILLO (DER GRILL) und DIE AMEISE

Der Grill, der laut O sole mio sang
sommerlang.
Wenn der kalte Herbstwind zu blasen kam,
Armselig und so wie er hungrig war,
Da kein Stückchen Fliege oder Würmchen mehr da war,
Wackelig wandte er sich an die Ameise,
Seine Nachbarin, um ein Paar Körnchen
Bis zur nächsten Spielzeit bittend,
Zum Subsistieren.

„ Ich bezahle Euch, sagte er,
Sogar bevor August, und ich halte mein Wort,
Das Kapital plus Zins bestimmt.“
Die Ameise, die keinem etwas borgte,
(Das war einer ihrer kleinsten Mängel),
Fragte den Bittenden:
Was hast Du während der Hitze gemacht?
„Während ich geschuftet und gespart habe“ merkelte* sie.
„Scusare, Entschuldigung, ich habe
Nacht und Tag gesungen.“
„Du hast gesungen? Ich bin erfreut.
Eh! Dann tanz man jetzt.“

Epilog

Es wurde Winter, kalt und Wind,
Und der kleine Künstler stirbt.

SCHWARZE GEDANKEN

Gedankenfetzen in den schwarzen Wolken
Gedankenfetzen in dem kalten Wind;
Es regnete mit schwarzen Tropfen
Auf dürre Erde, auf dem harten Stein,
Entblättert die nackten Bäume frieren.

Entwurzelt werden in Keime
Des Spektrums bunte Farben.

Trübe, Verwirrt, Bedrückt - Sorgen
Wie überlebt man Morgen,
Wenn keine Zeit für die Gedanken, für die Kunst,
Wenn keine Existenz mehr sicher ist?

„Es gibt zu viele Künstler“ häkeln die Kulturbanausinnen und Kulturbanausen